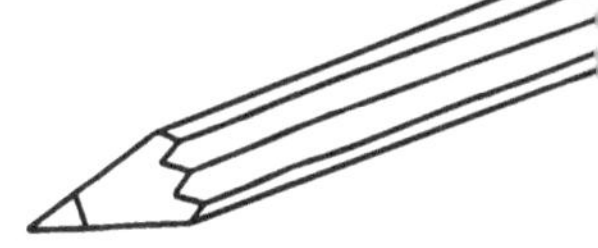

L'alphabet Arabe

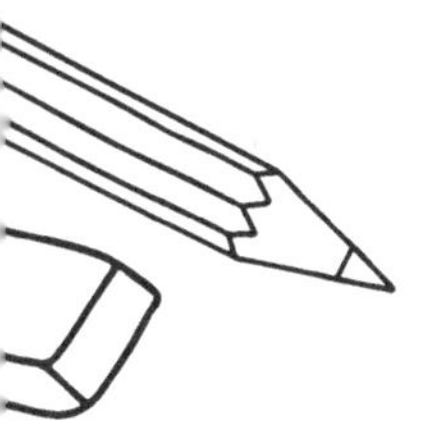

Ce cahier appartient à

. . . .

Apprendre à écrire les lettres

Le but de ce livre est de vous aider à apprendre à tracer des lignes et des formes calligraphiques de la langue Arabe. Répéter l'exercice développera la précision et vous aidera à mémoriser visuellement les formes des lettres d'alphabet Arabe. Cela vous préparera davantage à apprendre plus vite à lire et écrire l'Arabe. Certaines lettres changent en fonction du contexte et de l'emplacement dans le mot, mais ce cahier focalise seulement sur l'écriture de l'alphabet de base, ce qui le rend idéal pour les débutants.

Chaque page d'écriture est précédée d'une illustration pour apporter un côté ludique et amusant à l'apprentissage. Nous espérons que ce livre vous plaira en passant du temps à réaliser cette activité.

Votre avis compte pour nous, n'hésitez pas à nous laisser un commentaire sur le site d'Amazon.

L'alphabet Arabe

Appelé aussi Abjad Arabe, il est écrit de droite à gauche avec un style cursif et comprend 28 lettres. La plupart des lettres changent de forme calligraphique selon le contexte mais ce livre vous aidera à rester concentré(e) uniquement sur l'écriture de base.

أ   ب   ت   ث   ج   ح

خ   د   ذ   ر   ز   س

ش   ص   ض   ط   ظ   ع

غ   ف   ق   ك   ل   م

ن   ه   و   ي

alif

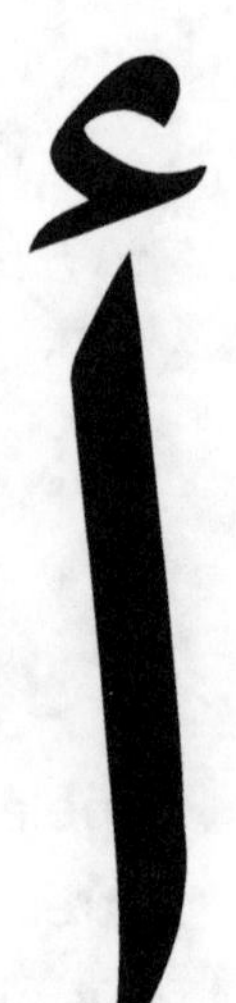

أ أ أ أ أ أ أ أ أ أ أ أ

ba

بيت

ta

تمساح

t̲a (tha)

ثَعْلَب

ğim (jim)

جمل

Ḥa

ح

حصان

ẖa (kha)

خبز

dal

دجاجة

dal (dhal)

ذِئْب

ra

ر

رسام

ر ر ر ر ر ر ر ر ر ر ر ر

zay

ز ن

زورق

sin

س

سنبلة

س س س س س س س س س س س

šin (shin)

ش

شبل

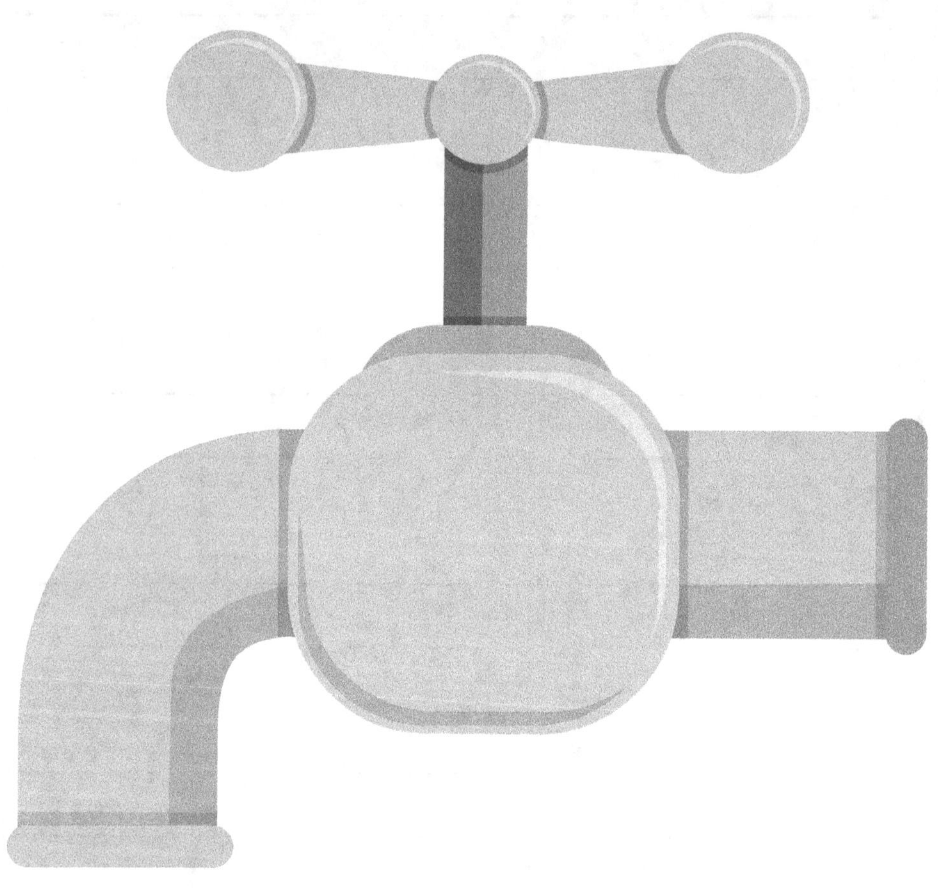

صنبور

Ḍad

ضفدع

Ṭa

طاولة

ẓa

ظ

ظــرف

'ayn

ع

عسل

ġayn (ghayn)

غزالة

fa
ف

فرس

qaf

ق

قط

kaf

كعك

lam

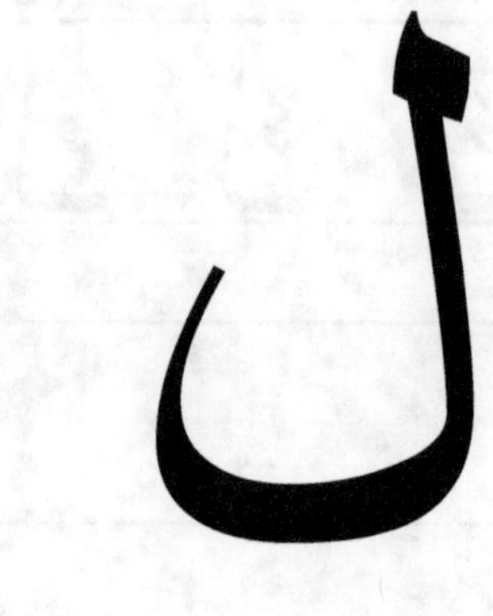

لوحة

mim

مفتاح

nun

ن

نحلة

ن ن ن ن ن ن ن ن ن ن

ha

هدية

waw

و

وردة

ya

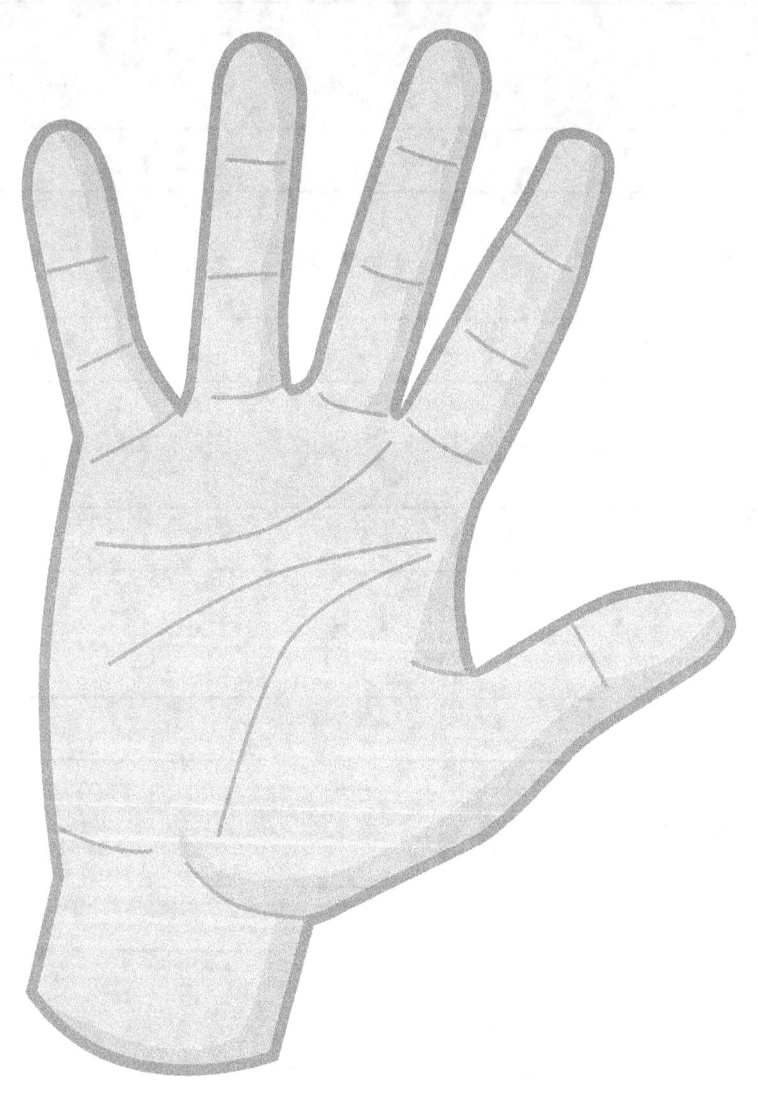

Pages vierges pour s'entraîner

Ce style calligraphique de l'alphabet Arabe cursif à colorier est appelé le « Divanî », développé notamment dans l'Empire ottoman. C'est le style d'écriture utilisé par le divan, l'administration ottomane, d'où son nom.

Bon coloriage !

- Bonheur -

- Beauté -

- Nature -

- Amour -

- Couleurs -

- Sourire -

- Paix -

- Humanité -

- Ciel -

- Sentiment -

- Motivation -

- Positivité -